**CÍRCULO** *Luna Parque*
**DE POEMAS** *Fósforo*

# A costureira descuidada

Tjawangwa Dema

*Tradução*
**FLORESTA**

9   Elegia da colcha inacabada
11  Apoptose
13  Vermelho
14  Geografia
16  Átropos
17  Taxonomia
18  Fronteiras
20  Ventríloquo
22  Ellen West
24  Maternar
25  Vesta
27  Nostalgia
29  A costureira descuidada
31  Problema dos três corpos
34  Quaresma
35  Não um não corpo
37  Mulheres como você
38  Sonhos
40  Ovário
41  Antes do casamento
42  Lete

- 43 Amotinada
- 44 Você que se esqueceu
- 45 Porque sim
- 46 Ao último som
- 47 Tartaruga no inverno
- 49 Domboshaba
- 50 Autorretrato com uma língua perdida
- 51 Uma bênção aos limpa-chaminés
- 53 Shibboleth
- 54 Mar
- 55 A parábola da árvore
- 57 Mamãe
- 58 Na casa do luto
- 62 Busca
- 64 Batedura
- 66 Luto noturno
- 68 Primeira matemática
- 69 A outra
- 73 Estola (corrente de tristeza)
- 75 Lares
- 77 Pesqueiro
- 78 Naomi
- 79 Ruído branco
- 81 Sobre dizer que deus não existe
- 83 Homônimos

- 85 NOTAS DA AUTORA
- 87 AGRADECIMENTOS
- 89 NOTAS DO TRADUTOR
- 92 POSFÁCIO
  *Kwame Dawes*

*Para mamãe e papai*

## *Elegia da colcha inacabada*

Irmãs, lembram daquele quadro de vocês duas com
  camélias nos cabelos
que o pai pintou e ateou fogo no pátio para provocar
  nossa mãe?

No sótão vi uma tela enrolada numa colcha empoeirada,
  com a palavra *Desculp* —
inacabada? Lembram de como ela estava sempre fiando?

Para ela, não a reluzente luz do querer, e mais uma
  repetição tediosa de se sentir
grata por cada picada de alfinete. Um lembrete mudo de
  que ela estava viva.

O que vocês veem? Há uma forma materna na poeira
  acumulada no sótão.
Ali ela está curvada sobre a vela, o vestido de formatura
  drapejado no joelho.

Era uma mulher que sabia o que fazer com as mãos,
  costurar tecido,
alinhavar o fecho nas roupas enlutadas de uma viúva
  recente.

Mais de uma vez eu a vi cerzir uma batinha para o
  batizado de uma criança
e então se virar para aperfeiçoar o pesponto de uma
  mortalha.

Aqui está uma mulher que desfez novos pontos para
  prender um botão às pressas

ou que rebate o tempo enchendo três camadas nas
colchas de casamento das filhas.

Como nunca fomos nossa mãe, que sabia que a beleza de
uma mulher está
nas mãos, quase todos os dias a língua dela trabalhava
para nos fazer subir

quando só queríamos ficar lá embaixo como nosso pai.
Qualquer coisa menos
ficar sentada, sentada com tanta ingratidão e vocês
duas lamentando *Não quero*

enquanto seus namorados aguardavam na sarjeta — eu
nunca disse nada —
imaginando que mamãe queria que fôssemos como ela.
Jamais poderíamos ter

feito metade das coisas que ela fazia. Ela está lá agora,
no espaço que o tecido cria
para suas três filhas chegarem sorrateiras dizendo por fim

*Negociamos pequenas traições*
*Debochando desse tal amor*
*Lamentamos nunca termos nos desculpado*

Apertar, se não as mãos dela, as mãos umas das outras.
Lembrar de seu olho leitoso
imóvel feito mão de cirurgião, a boca franzida dizendo
*peça desculpas à sua irmã.*

É algo que se diz a alguém que você ama.

## *Apoptose*

*Parece que sempre estive aqui observando homens como você.*
Rita Dove, "Das margens"

Melhor que contar a história foi o fato de que nada
    diferente aconteceu.
Eu via os homens na aurora e no ocaso
eles entravam, vozes invadiam a noite.
Nenhum aceitava o banho quente preparado pelas
    mulheres
que, mesmo assim, preparavam tudo com cuidado.

Não pensavam no trajeto bem cedo pra buscar água,
nem na dor muda nas costas após anos de bebês
e um balde pesado gotejando baba na cabeça.
A torneira, uma vara fina no horizonte.

Elas eram felizes —
ou assim pareciam às vezes —
cantando enquanto pegavam *motswere* na floresta pra
    fazer fogo.
Coletavam esterco seco de boi pra fazer tijolos,
alegres enquanto os homens estavam fora fazendo deus
    sabe lá o quê.

Às vezes havia dinheiro e
na maioria das vezes mulheres lavrando,
levando no braço medas pesadas como seus maridos,
e antes da colheita os bonecos feitos de sobras —
espantalhos baratos — afugentavam as aves *queleas*.

Braços arruinados depois de um dia entre as crianças
   pequenas
e o que as crianças ou os pássaros comeriam.
Tanto suor por homens que as tratavam como fofoqueiras,
falando mal delas enquanto se enfiavam entre as pernas
   de outras esposas.

É revelador que um homem abra as calças
e mal se vire pra mijar na frente das meninas?
Tentei ficar parada na sombra da cabana mas
presenciei homens sendo gentis porque queriam
pôr as mãos em alguma coisa para chupar ou mascar.

E eu sempre em apuros por devolver o olhar,
sem ter o que jantar até o fim da semana
quando os homens nunca voltavam para casa.
Nunca vi nenhum deles cuspir no fogo

talvez a forma que tinham de se manter limpos
já que abririam a boca
e levantariam cinzas e catarro no ar.
*Melhor a madeira que o seu pé*, as mulheres diziam
como se *eu* devesse ter me esforçado mais.

## *Vermelho*

Na primeira vez,
não tão vermelho, talvez marrom,
uma flor enferrujada, a cor incipiente
atravessando o lençol matinal.

Conhecendo a mãe,
nada de esportes agora,
nada de pular cercas com os meninos.

O peito inchando flores miúdas como nós nos dedos,
a cintura estreita
num ou noutro lugar se alargou.

Seu próprio corpo te trai,
rijo enquanto dói uma dor crua,
encosta e colapsa, congela e coalha
um rosto todo bochechas.

Um florescer constante,
uma floresta de árvores retorcidas do sul,
uma mudança pontual,
o gosto de ferrugem
e ferro velho no ar,
a boca, uma coisa estranha.
*Diz* uma coisa e se abre para deixar outra entrar.

## *Geografia*

Em Darvaza um fogo vem queimando desde 1971,
alguém cometeu um erro matemático
de pelo menos quatro décadas e que segue ainda.
Na foto sobre a cômoda,
apareço fora do feixe de luz que uma TV antiga lança na
    sala escura.
Ao meu lado um homem que pensou que eu poderia
    queimar e ficar.
Eu já fui tocada pelo fogo,
minha pele arde quando penso,
então deixe estar.

Não dá para medir a memória em distância
e que bem isso faria
ao sentimento, que irrompe lento, de estar exposta agora?
Eu sei como é prender a respiração
até não ter mais nada para nos segurar.

Vamos andar para trás,
chegamos aqui pela ambição,
o ônibus expresso do corpo e do desejo.
Todo mundo quer mais e mais do lampejo
do sangue.
Os dedos do médico em minha respiração calma,
nós medimos o que podemos, ele e eu, e deixamos o resto
para a figura masculina na porta do hospital.
Ainda sobe fumaça de seu macacão escurecido.

Em Darvaza montaram uma plataforma, veja só a foto —
ao redor dela fizemos um acampamento
furamos, furamos e ficamos surpresos
quando uma bolsa de ar rompeu numa cratera.

Nós nunca soubemos
o que acabaria conosco, veja como cavamos
bem onde começa o fim.
Somos planície e gravetos,
então alguém ateia fogo primeiro.

## *Átropos*

Já cortei muitos tecidos
trabalhei com crimplene barato
lã de vicunha e pluma de aves

Já vesti um corpo morto antes
quando era criança
e depois como noiva

Cortei um metro de tecido
para costurar uma saia à mão em minutos

Procurei por novelos perdidos
os dedos, bando de gansos ariscos,
comendo no chão de cimento do ateliê

Desperdicei luz
buscando reparação com paroquianos
e homens de batina

Me sentei bem aqui com Leroy, o linguarudo,
com a amante dele e uma esposa enfurecida

Já cortei muitos tecidos
feri infantes com alfinetes de cabeça de vidro
remendei um vestido a caminho do baile

com os dedos inchados
cerzi as calças de um noivo bêbado
pouco antes da nossa marcha nupcial

## *Taxonomia*

Não dá pra saber o que é, até que eu não consigo pôr
   a palma da mão sobre o peito.
Quem poderia conhecer melhor a forma de um corpo
   que não é meu do que o pulso e os dedos.

Então deixo a mão ao lado, o dedão em algo que foi um
   longo esterno.
Quero que a mão caia no coração, e não no monte cheio
   de um seio!

Toda manhã minha palma olha pra baixo, para o áspero
   jardim de pelos.
Busca a velha cobra em seu crespo e improvável covil
   molhado.

Mas sou vidente agora. Sondo a água com minha própria
   mão trêmula.
Já vi o que me aguarda. Todo mês traz consigo um
   castigo úmido.

Ou uma escolha entre os seios doloridos pelo intocado
   leite e os dentes afiados
da criança, firmes como a dor da fibra e da fita contra as
   costelas
para de-formar o seio.

Minha esposa me chama pelo nome, Tirésias! Só então
   tenho medo.
Ser convocada no mundo como mulher não é pouca coisa.

## *Fronteiras*

I.

Neste mercado lotado
como pode haver desejo para umedecer o corpo?

II.

Os soldados na sua camuflagem,
aquele que diz *papéis*
e quer dizer *que moeda você tem a oferecer* sabe
que uma jovem pode testar a língua e falhar mas
o corpo dela sabe: o silêncio é uma linguagem
que qualquer mulher pode aprender.

III.

Bem longe daqui a canção das primeiras iniciadas diz
que quando os quadris se alargam chega essa promessa —
nenhuma testemunha para o sussurro,
mas seu único fruto é a angústia.

O que somos nós que encaramos a coisa
presa naquele pesadelo?

IV.

O soldado deduz de uma canção
aquilo que ela vai deixá-lo ter,
quando ele diz *papéis*, seus olhos mal buscam as mãos dela.

Em outra vida eu sabia quais palavras dizer
a um homem desses, mas aqui o olho dele é o vento
e sobe a saia dela feito uma sombrinha quebrada.

Eu me viro e cubro os olhos das crianças com palavras.
Minha pele pouco opaca, o rosto dela se acende
como uma lâmpada.


v.

Além da fronteira um sol miúdo se levanta.
Como se o olho fosse uma ponte e o corpo,
atlas, destinado a suportar sem jeito
todo o peso
de sua atração.

## *Ventríloquo*

Então é isso que resta quando a festa está animada lá fora
enquanto as tias resmungam sobre as férias e
a volta das férias. Antes de você, eu digo
*Ele não vai poder tirar tanto tempo de folga,*

*sabe?* Na minha pressa em mostrar que entendo,
o vestido longo no qual você tanto insistiu agarra em algo,
me puxa pra trás. Meu dedinho prende no vime
e seus olhos dizem *de novo não,*

em vez de *que pena,* e eu me desfaço.
A pequena abertura despeja da minha bolsa:
um tubo fino de batom, um absorvente,
o recibo da lavanderia, o dinheiro suado dele

de volta pra mim, o frasco de antialérgicos da farmácia
para impedir que eu espirre em sua calça e no paletó
alugados. Peço desculpas pra sua cara impaciente,
junto as frésias no chão como resquícios de orgulho

e o único cartão com o meu antigo nome.
Tropeço, me firmo e sinto como se eu fosse
a máquina que você achou grande demais
para caber na sua/nossa nova casa. Meu pai dá

mais um presente, o catálogo que você cobiçou
com todos os carros dele. Você mostra os dentes,
sua mão de repente na minha cintura diz
deixe tudo acontecer com você.

Mesmo quando os convidados vêm se despedir,
com as mãos cheias de arroz e bons desejos,
eu barganho seu afeto. Sorrindo para
tudo eu me pergunto o que dizer.

Você num terno preto e eu num vestido muito
branco sonhando com uma nova árvore genealógica.
Sua boca torce de deboche. Mesmo a garota do
    escritório
que não gosta muito de mim engole minha tristeza

quando você me faz dizer *ok* para o amigo
cuja voz ecoa pelo corredor do nosso hotel.
Ele te chama pra ir lá fora brincar.
E você vai. Você vai.

## *Ellen West*

quem quer ser gorda
eu não
nem a moça girando pacientemente
cuja cintura desaparece
sempre que ela olha pro lado
ou se inclina sobre o vaso
certeza de que ela faz isso
quando não tem ninguém olhando
ninguém pode comer e ficar igual
eu tentei

caí de um cavalo

beijei uma criança com escarlatina

uma mulher morreu de frio
eu arrisquei depois de um banho no inverno

e ainda estou aqui pesando pecados
ganhando e não perdendo carne

a vizinha teve uma criança
e voltou a emagrecer
vejo o peso do olhar dos homens nela

juro que estou comendo de novo
mas a comida cai como uma pedra

há sempre uma refeição no horizonte
um almoço que se pula habilmente logo vira janta
e quando acordamos lá está a comida de novo

não sou uma pessoa só
meu corpo pede mais e mais comida
e depois recusa
pele pura eu digo à médica
tentei comer
verduras
só que pouco e sim
meu marido sabe
sobre os laxantes
e que eu não sangro há anos
o custo de tantos comprimidos
mas eu quero um bebê então
estou comendo de novo embora comer
seja morrer devagar
por que ninguém mais vê isso
aos dez andava pelo mundo como uma criança
aos trinta e três meu corpo é uma cena de carnificina
parece que nada
vai parar toda essa comilança
nem mesmo o peso do desejo
de ser magra

## *Maternar*

Não há nada a dizer a não ser
que ela nem canta mais,
sentada no chão de pernas cruzadas,
um rasgo em cada meia,
correndo seus braços de cima a baixo,
um cigarro trêmulo quase imóvel
entre dedos finos e cilíndricos
e aquele rosto, meu deus!,
o rosto também, tudo ali mas ausente:
o sorriso, o brilho, tudo em tons de cinza
e a chuva cai no chapéu de feltro dobrado pelo próprio peso.
Impossível imaginar esse lugar
ou como ela pôde desistir de toda a sua pose
por meninos do passado
e as malditas promessas que faziam
e como pode ser essa a resposta?
Não sei, não sei
se em algum lugar bem longe daqui
um menino com um cinzel e um martelo
quebra suavemente os ladrilhos
de alguma casa que ele quis construir
para alguém como ela.

*Vesta*

o pai costumava guardar a mãe
num caldeirão
ela cozinhava o dia todo
embaixo da tampa de ferro fundido
uma tartaruga carregando o mundo
à noite ele a libertava
e ela varria e cozinhava
até ele ficar limpo e alimentado
só então ela comia
diminuía as labaredas e se deitava
debaixo do peso negro da tampa
e logo outro dia começava
ela passava o dia cantando
costurando e limpando
dentro daquele caldeirão

uma vez
no dia mais quente do ano
enquanto ela dormia
uma criança brotou
de uma semente de abóbora
por fim o pai ficou sabendo
do bebê
ele não se preocupava
com crianças ou comida
desde que o trabalho
continuasse como antes
e ela pensou

preciso achar uma saída
deste caldeirão
é pequeno demais para nós duas

isso foi anos antes de ela poder
sair e então
você também chegou

na noite em que ela fez a janta do pai
pôs *moselesele* na sopa
ele passou horas agachado
na moita depois dormiu
sem fechar a tampa
tudo que tínhamos
era um saco de sementes
e um meio de fazer fogo
mas fugimos
você embalada nas costas da mãe
como uma história curta
na boca dela
boca triste e assustada

## *Nostalgia*
*Johanesburgo, 1994*

Meu pai que veio de Botsuana pra cá como um mineiro
    Ficou por amor à vida e por amor
Ele odiava o Natal neste país velho
    O calor da casa de lata e a chuva esporádica
Até morrer de uma doença do pulmão ele reclamava
    Que a tempestade vinha sempre sem aviso
Mas eu diria que não para o homem lá na torre de controle
    Ou para a mulher cuja cicatriz coça antes da chuva ou
Para as andorinhas que varrem o céu em alerta

O que resta é só aquilo que é devolvido
    A memória é uma névoa que você atravessa rumo
A uma amiga de infância de cujo nome já não se lembra
    Prometo a mim mesma que essa visita vai ser mais longa
Que cada parente vai me chamar de velha e cansar da
    minha cara
    Que vamos ficar com as mãos nos bolsos no mesmo lugar
Onde nossas línguas infantis lamberam picolés e jogaram
    "pique-esconde"
    Mas agora com uma roupa de seda gritando que nada
    mudou

Quando a mulher com o microfone se vira pra mim
    Eu não espero nem ela nem sua pergunta
Quero dizer que fomos muito felizes
    As meninas com as tranças tão firmes que não podiam
    dormir
Saíamos às escondidas para nos encostar na parede de
    metal

O toque ondulado, a ferrugem quente nas costas
Mas de repente eu sei o que ela quer ouvir
A forma como o tapa materno pode vir sem aviso
Ou como um homem morre se andar por estas ruas sem autorização

## *A costureira descuidada*

> *Quando ela pensa na única coisa constante*
> *em sua vida, ela pensa na costura.*
> Virgil Suarez, "A costureira"

Primeiro, é claro, a maldita linha quebra
de novo e eu penso que meu marido gosta
de como eu me sento e costuro,
então eu me repito,
o dedão pressionado num dedo chato.
A veia de aço leva a linha onde é necessário,
a agulha entra na trama e as rugas somem
do tecido, do rosto suado.

    Você é uma boa esposa,
ele dizia,
    não toma o trabalho do homem.
Confortado pelo meu senso de pertencimento
ao lar, costurando e costurando,
um botão que falta aqui,
um bolso furado ali,
trabalhando sem trabalhar

no banco da lida.

A primeira camisa que fiz para um estranho
lançou meu marido num frenesi,
ele comparou a minúcia de cada ponto
à forma como uma mulher pode entregar o corpo
a um completo estranho.

Os homens estão dizendo seu nome no mercado,
como amantes impenitentes atrás de uma puta qualquer.

Guardei um botão para cada palavra indelicada;
   Bruxa
   Descuidada
   Puta.
Meu pote é cheio de botões de furo, de encaixe e fechos,
botões de pezinho e botões de pressão sem par,
penso no casaco de José — aquele que o pastor mencionou.
Sou fiel como uma freira e devo perdoar embora ele não
confesse nada.

Uma mulher sabe como as coisas furam e prendem.
Pode haver homens que desconheçam o luto
talvez também a mulher que vem pegar o próprio vestido
e rodopia e rodopia em seu lenço combinando.
Ela adora parar e conversar se olhando no espelho,
perturbando como uma máquina velha meu silêncio,
cega ao tecido constante sob o meu dedo.
Cega ao país de um tormento alheio.

## *Problema dos três corpos*

I

Quando enfim embarcamos no trem
    para ver o décimo médico que um vizinho recomenda
ninguém fala comigo.
Busco atenção,
encosto na minha mãe mas ela pendula    e se afasta.

Há muitas coisas que um menino pode querer —
o que faz qualquer pessoa imaginar —
um brinquedo favorito    um cobertor talvez?

Quando fecho os olhos
quero ver minha mãe descansando
mas quando ela faz isso    ela é sempre uma película
    de suor.

É como a história que você ouve
de uma tia doente que chega de visita
e não vai embora
durante toda minha infância    aquela tia doente
era o meu irmão mais velho.
Ele balançava os braços pra lá e pra cá e minha mãe ia
    correndo,

ele sempre precisava de alguma coisa;
alguém para cuidar dele enquanto ele não cuidava de
    ninguém.

Eu imaginava qual vastidão o tinha tragado para dentro
   de si,
acima do atlas e da maçã do rosto —
quem não se mexe ao ouvir o próprio nome?
   Para evitar o caos,
as latas na prateleira esvaziavam rápido; assim ele
   podia empilhar
uma por uma, repetidas vezes.
E no trem     nada de que um menino como esse pudesse
   precisar.

II

Ele é o trabalho da vida dela —
agora —
quando eu dou uma trégua
ele e eu cruzamos os corredores aflitos
com aquilo que prende os pensamentos dele aqui.

Um vizinho pode ver o corpo dele machucado e chamar
   a polícia,
um policial pode tentar descobrir onde a lesão começou,
nesses dias reconheço os joelhos trêmulos da minha mãe.
Quando a campainha toca estou agarrada na barra da
   saia dela.
Estou bem, minhas cicatrizes invisíveis.
Uma vez quando uma vizinha deu vinho para ela
minha mãe chamou o filho
   de uma série constante de
acontecimentos

Tudo tem seu limite,
ela disse,
    o silêncio dele é um tique-taque.


III

Todos esses anos perseguimos o silêncio juntos,
vendo de dentro alguma coisa passando
tão rápido quanto a garganta do meu irmão se abrindo —
a cabeça batendo na parede mais próxima.

Naquela viagem de trem,
há muito tempo,
minha mãe não secou o próprio rosto molhado.
Imagino
que há muitas coisas que uma mãe pode querer:
talvez o mesmo filho    um silêncio manejável.

Ele ficou mais calmo com a idade.
Ela gastou a vida inteira nele.

Quando ela se for,
quem herdará sua linguagem
de preocupação,
    o silêncio dele,
sou eu que vou juntar as latas pra ele contar?

## *Quaresma*

No ano em que brinquei de ser católica
lamentei que as semanas passassem tão devagar
até o Sábado de Aleluia;
o padeiro reclamando —
ninguém mais compra pão —
a adega do mercado cheia de vinho.
Eu passava o dia faminta por algo mais que comida.

Na volta para casa a menina de que eu gostava
não abriu a boca nenhuma vez, o asfalto virando areia
a estrada se estreitando, esburacada e suja.
Dois corpos murmurando alto na noite silenciosa.

A fome aguçou o desejo
aos poucos a intenção virou cinzas na boca,
então erguemos as mãos e nos tocamos brevemente,

até que a ladainha materna
numa rua não escura o suficiente
mediu a distância entre nós.

## *Não um não corpo*

e antes não pensávamos em nós mesmas
como corpos
mesmo quando eu enchia uma meia velha e dela fazia
um seio estranho
todo mundo ria
era tudo imitação

eu não sabia
do lençol manchado de sangue
naquela primeira manhã
a mãe cobrindo tudo rápido
acalmando a língua só para dizer
que eu tinha de me cuidar agora

e eu me senti traída
como se meu corpo tivesse vagado
enquanto eu dormia
e para não sentir o sangue pulsando
como acordar depois do fim da guerra
só carnificina e nenhuma história

você pode lavar os lençóis, é claro
virar o colchão duro
com sua nova marca de nascimento
fingir que nada disso aconteceu
eu estava horrorizada
embora ninguém me deixasse estar

o tempo todo minha tia dizia
aleluia no telefone

a irmã dela parecia um pouco chocada
e eu rezava pra que meus primos
os filhos dela
ainda estivessem tontos de leite e de sono

## *Mulheres como você*

seguram uma faca pela lâmina,
mamadeiras espalhadas no rastro das crianças
e da vida diária.

Esse é o contrato.

Para ser feito nas sombras
e na luz, se contentar
com coisas como viver e comer,

enquanto dentro de você um clamor
como os olhos dos bêbados
que apalpam o caminhar da jovem.

Como fariam os caçadores
seus dias vão cavar uma armadilha
de onde você e ela podem emergir,

as mãos sangrando pelo uso.

## *Sonhos*

Sonhos são maus.
Prefiro pesadelos.
Eles mostram o que acontece aqui,
refletem o que se passa ali.

Sonhos mentem.
Te levam por um caminho
onde o chocolate branco corre solto,
e as amoras caem intactas das árvores.

Nada é menos fiel,
menos real
ou mais falso do que um sonho.

Será que os momentos despertos precisam ser tão difíceis?
Estou cansada de passar noites acordada
perseguindo amanhãs cheios de dúvidas, à espera
perdendo tempo remendando coisas quebradas
que não querem ser consertadas.

Não vou rodar e rodar dentro desta pele.
Não vou lamentar um futuro que nunca tive.
Eu me recuso a sangrar
por uma quase realidade enraizada em ecos distantes
de uma voz que já foi familiar
que canta eu sei que eu posso, eu sei que eu posso.

Porque eu sei que eu posso
ser a garota que sou agora,
viver a vida que tenho agora,
escolher ser o sonho em que estou agora.
Talvez assim não seja tão difícil
apenas respirar agora.

## *Ovário*

As mulheres sabem
que às vezes há sangue
mas não morte; aprendem
a esconder o útero com os peitos,
a escolher o que se pode perder —
a receita milagrosa ou o bolo
para sempre no armário —
a esvaziar o copo
e se contentar
com absolutamente nada.

## *Antes do casamento*

Seu cachorro comeu nossos ovos.
Com joelhos e cintura bastante curvados,
ele cambaleia até a cadeira que parece mais firme.
Ele quebrou a perna boa da cadeira
e rachou a nossa estimada cabaça,
mas ela diz que só estavam brincando juntos.

Todo mundo sabe que uma vaca vai desfazer o prejuízo.

Eles mandam um bando de barbudos,
todos de voz rouca, grisalhos, de casacos,
que falam cantando sem o tambor,
cantarolam como muitos mas usam uma língua só.

Os convidados que vieram se juntar ao clã dela perguntam:
*O bezerro vai levar nosso nome?*
*Se for, somos a madeira que veio endireitar a cerca*
    *entortada por nosso boi;*
*viemos assumir esse erro feliz,*
*acrescentar aos nossos uma filha.*
Esse é o nosso propósito ao pedir a mão da portadora,
ela, que carrega nossa água.

## *Lete*

Este não é o pórtico
do rio cheio de areia e sombras
molhadas.
Isto é memória decídua
que arranha
o que resta
por qualquer razão,
desígnios que escondemos.
Todo dia assume que não há nada
nada mesmo para se tirar daqui.
Mas nos damos ao trabalho de destruir tudo,
e nossas mãos agarradas à rocha redonda do rio
nos dizem que algumas coisas
se enraízam assim como ginkgo na margem
enquanto outras se desfazem na correnteza.
Chegado o amanhã você não vai saber
porque não pode esquecer
o dogma do conto de fadas
ou da memória adulta
apagar quem serve essa bebida
pessoa cuja face florescente
transformou sua forma noturna palpável
em espuma
naquela sonora luz da manhã.

## *Amotinada*

Fui vista com
a perna estendida na direção da luz

Eles vieram me buscar
e eu estava nua como a areia do deserto

Úmida atrás da orelha/ sou chuva
entre as coxas/ sou floresta onde tudo volta a crescer

Sou areia esvaindo a plenitude da juventude
criei guelras em nome de uma tempestade vindoura

## *Você que se esqueceu*

Quando você nasceu,
meu corpo se rasgou todo.

Para te segurar eu desfiz cada sutura,
me deixei cortar e desalinhar.

Por semanas sangrei por você
e expulsei meu riso para a beira da memória.

Para chegar aos lugares aonde você não pode mandar
ninguém além de si mesma,
sentei no sal, rastejei
e forrei minha barriga costurada
pensando em você.

Depois da grande performance da noite
você se engana
em pensar que eu não poderia ter de volta
a vida que eu dei.

## *Porque sim*

Porque sei que você vai perguntar
onde estão as flores,
colhi rosas vermelhas e doces
e deixei para os pássaros na beira da estrada.

Porque sei que você vai perguntar
onde estão os doces,
preparei *halva* para você com estas mãos
misturei e derramei o que era seu.

Porque sei que você vai perguntar
onde estou,
há tempos deixei o lugar onde eu estava
para caminhar devagar entre as árvores

lá onde o seu olhar de cobiça não me alcança.

## *Ao último som*

*para Gabeba Baderoon*

Se existiu um lugar onde nada foi no início,
há tudo aqui agora

Finalmente o som da sua voz
tão macia, embora eu tente

não posso comparar a inevitável avalanche
de um sussurro crescente com

Você

é o fino
grão soprado e então feito vidro
    liso
    embora não pretenda ser

        nada além de você mesma. Eu sempre
        sonho em estar perto do corpo de som

        que a sua voz produz.

## *Tartaruga no inverno*

Quando amanhece você rói as unhas
e não parece tranquila.
Noite passada sua cantilena
de ficar mais um dia
foi recebida com um belo sim.

Agora estamos todas procurando
um anel. Procuramos mas sabemos
que você está em busca de uma coisa
que só pode ser encontrada por quem
a pôs onde ela está agora.

Você rega o inhame,
já grande demais pra ficar dentro de casa.
Mas quem poderia imaginar enterrar mais uma coisa,
especialmente essa — último presente dele —,
no meio da vegetação que você vasculha agora,
espiando entre as sombras folhosas.

Por fim você fica parada,
jogada no único sofá da sala.
Você pisca,
lúcida dentro do ruído branco da memória,
tantas mãos prestativas procurando.

Quem se importa
observa seus olhos seguindo a luz —
grãos de poeira que flutuam na diagonal —
e imaginam se você vai encontrar o anel um dia.

Seu coração está sem casa.
Como se alguém tivesse chamado seu nome,
você se levanta uma última vez.

## *Domboshaba*

Imagine que você vem de um
cotidiano familiar de milho e vento
seus mortos lançados ao mar
sem a cerimônia
para irem em paz,
até a vertigem de chegar a uma costa estranha.

Imagine que você vem daí
e então você acorda
em um barracão
numa plantação de açúcar.

Você tem fome
de ar livre
mas é incapaz de nomear a coisa
que não está mais lá.

Dennis Brutus diz de uma outra prisão:
*Nem tudo é horror*
*e privação.*

Entre a redenção deles e a sua salvação,
você vai rumo ao som de um tambor,
sua pele repleta de rancor;
mas agora a pedra lá em cima se dobra e se dobra e
se dobra, abrigando seu eu antigo e futuro e você
de pé aqui agora à beira disso tudo.

## *Autorretrato com uma língua perdida*

*Monna ga a botswe kwa a tswang teng.*

É que eu tenho medo de um dia engolir a língua,
esquecer o som da minha própria voz;
medo de que um dia você pergunte meu nome e eu tenha
    que tirar
as cinzas da minha língua.
Mas onde estará minha língua
nesse retrato de lenços tão bem amarrados
e gente que varre ao redor de fogueiras crepitantes.

Minha boca será sagrada talvez
mas vazia como o homem que três vezes disse não
    conhecer seu salvador.
Quem entre nós sabe se nossas mães preferem mesmo
    o silêncio
ou se o preço de perguntar a um homem onde ele esteve
é muito maior que a vergonha de saber?

Aqui estão as trinta peças de prata
para devolver à terra pela sua boca aberta.
Vou plantá-las, deixá-las no chão da floresta,
então o inimigo não virá pelas suas costas,
e eu sem uma língua
com a qual poderia dizer
alguma coisa.

## *Uma bênção aos limpa-chaminés*

Às vezes a chaminé estava quente ou acesa.
Mas nos faziam subir, quase sempre nus.
À noite, dormindo pretos,
sonhávamos com as padarias na Lothbury,
com seus dutos apertados e curvas infinitas.

Na primeira vez que Jonny subiu,
não tinha nem quatro anos nas costas.
Subiu quando a chaminé estava fria,
antes de acenderem o fogo matinal. Braços e pernas
    magros,
contraídos, aguardavam as ferramentas do pedreiro.

Sorte para a noiva que talvez nos veja.
Ficamos cegos de carvão e poeira.
Queimados e machucados, joelhos incendiados
com salmoura e escovão para endurecer
nossos pequenos corações.

Nos contos de fadas, o limpador encontra o amor
de uma pastora de porcelana.
Depois do Dia do Trabalho, ninguém nos quer na mesa
para a qual voltamos, pois o mundo
só nos dá roupas de saco e borralho.

✷

Não há chapéu grosso o bastante
para evitar a fuligem no olho ou na boca,
nenhum brasão da sorte no chapéu
para envergonhar o mestre que faz com que eles subam
para cair de telhados e chaminés,

entalar nos dutos e sufocar.
De quem é o filho em cima do fogo aceso
os pés beliscados pra emendar o passo?
Esse é o destino frio de um solitário,
cuja mãe morreu e deixou seu corpo

para o mundo pegar e fazer carvão.
De quem são as costas que se curvam na juventude,
o testículo pronto pra se fazer engolir?
Morremos sabendo o que nos é negado:
ar e amor, um querer limpo.

## *Shibboleth*

Acho que sei qual armadilha nos aguarda.
Não se pode ter uma coisa sem ter a outra.
Pertencimento cria despertencimento.

E tanta coisa parece destinada à separação.
Em algum lugar entre a carne e o sangue,
algo resta como um bom obstáculo,

ou a cor no lavabo do barbeiro.
A barba por fazer do meu pai
todas essas semanas no mar

muda as fronteiras da postura,
a forma como você põe o rosto na água fervente
para suar a doença pra fora.

Isso serve para os devotos afogados
cujas línguas lambem algas emaranhadas,
que se erguem lindamente do fundo do mar

com a vigília de um rosto lavado,
os encharcados em túnicas brancas na praia,
quando todo o resto é o rio Jordão.

Antes de puxarmos um ou todos
os oitocentos e oitenta do mar,
eles devem dizer *water*, água,

engolir o esguicho de um *r* macio,
e o pico imaginário de uma letra *d*
em vez do *t* seco da palavra.

## *Mar*

    ele deve ter pensado        que vista
    o primeiro a nos ver
    a rede de pesca em punho        os olhos de marujo
        os pés de galinha    repuxando
    a testa enrugada
    suponho que o sol estava adiante
    ou
    atrás de nós      e que ele estava a caminho de casa
    rumo a uma tigela de café preto
    ou
    a uma jornada no mar

    quem sabe o que o desperta agora        todo dia antes
        de o sol raiar
    tendo visto o que ele viu

    tenho certeza
    ou teria se eu ainda estivesse aqui

um barco cheio de corpos
    deve mudar muito a forma de um horizonte

# *A parábola da árvore*

> *O limite máximo permissível de $CO_2$*
> *foi ultrapassado pouco antes de 1990.*
> Le Monde, 7 de maio de 2013

isto não é uma floresta
é uma árvore, e depois outra
na qual um esquilo vive a vida toda sem saber

que um problema preocupa a terra
  e o homem e por que
a floresta de repente está numa encruzilhada

por que ele não pode pegar o fruto da árvore polêmica,
    quando não é
      ele                               que perturba a árvore —

ela com sua abundância de frutos      e ele
sem bolsos      só uma bochecha cheia de nozes

enquanto o vizinho dele      cujo campo é uma cesta
    de ouro
desfila sua alegria nessas matas

✳

diga que a árvore é só uma árvore      que faz o ar
para o homem que prende a respiração
por mais tempo que o baque de um carvalho

fale para o homem que corta fora       a própria orelha
    como se fosse trigo
que aquilo que ele invocou
finalmente chegou.

## *Mamãe*

Se eu olhar para trás posso ver você
deitada no chão do trem.
Você nunca deve ter sido uma andarilha
dormindo passando o tempo pastando
ou ordenhando ou arrancando talos de milho
de um solo insolente.
Seu único vestido bom fica com a estampa roçando
sua pele adolescente e o chão empoeirado,
o balanço constante do trem
um estranho acalanto para aqueles anos
em que você dormia a noite toda
e acordava antes
de chegar o primeiro dia na escola.
Aquela vez que você não encontrou o sapato
embora tenha olhado em todo canto
e procurou e procurou
e saiu do trem com um sapato só.
E o tio para o qual você escreveu que não acreditava
em pais que mandam as filhas
sem meios de sobreviver
para o internato.
Não fosse por aquela menina
que deu a você as sandálias dela
para calçar na aula
ou as freiras cujas regras
exigiam todas vestidas de azul,
você teria sido mãe de quem?

## *Na casa do luto*

I. FOGO

Já treinamos bastante o luto.

Talvez o fogo esteja certo,
vamos queimar tudo e acabar logo com isso.

II. VIÚVA

Na distância ela reconhece uma forma
mas não consegue nomear. Sua ameaça basta
para fazer voar um pote de farinha.

Um menininho gira como uma semente de ácer,
fazendo um furacão com as nuvens caídas
dentro da casa de seu pai ausente —

os mortos renascem
nos rostos dos mais jovens, formigas
aflitas no matagal do pensamento.

## III. O QUE RESTA

Você ouve quando as viúvas despertam —
um único nome tremendo no ar da noite —
quando você abre a porta

o olhar de criança perdida
atravessa o rosto dela.
Só os mortos descansam.

O que nos sobra é pegar
e juntar
o que resta

na casa do luto.

IV. NA CASA DO LUTO

Todo mundo ensaia a morte
ao anoitecer. O subir e descer
da respiração presa ou suspensa

quando os caçadores voltam
para a mesa cheirando a sangue
e histórias, e um não está entre eles.

Aquele que gostava de música se foi.
Só o cachorro late para o nada,
zéfiro soprando como faz

noutro céu amarelo
ao ajeitar sua saia
para a noite.

## *Busca*

Não tanto a vaca quanto seus cascos impedidos,
as pernas amarradas para não deixar o bicho
vagar. E mais a forma como ela dá leite,
e sua carne. E enfim seu couro para nos cobrir.

Não posso dizer por que parei,
o balde de metal pesando na cabeça.
Meu pescoço atrelado ao peso incômodo da água,
o braço, uma escora provisória.

A água é indesejada nos meus sonhos também
por que não aqui? O volume da água, o toque do cabelo
   molhado,
um rio nas minhas costas, a lama repentina
de pés feito barro.

"Correr assim é pros bichos, acerte o passo."
Aqui, as tias substituem mães ausentes,
um incômodo necessário para evitar que a filha
fique vagando. Esvaziamos nossas tinas

e somos deixadas com o nada
da boca aberta do balde,
no mesmo trecho passamos por meninos asseados
e meninas sem peito jogando queimada.

Na volta, nenhuma paciência para os frutos
florescendo selvagens nas cercas espinhosas,

não se o barril de água estiver meio vazio
e o dia terminando.

Minha tia olhando de esguelha para o corpo
me chamando de vaca que colide com a própria graça.
A lenta sensação de pés endurecidos de lama.
Minhas costas ainda um vale.

## *Batedura*

Para começar
seu nome de solteira nunca foi seu, mas
foi emprestado pelo seu pai
para te ajudar a vencer as manhãs em que você acordaria
com mulheres te dizendo justamente isso.
Enquanto você tenta devolver os vestidos na mala
para o guarda-roupa da família e as palavras para quem
    as disse
você é só uma menina. E suas tias estão separando
cartas antigas manchadas de rooibos e lágrimas,
fotografias de um tempo que logo se torna outra vida,
tudo isso enquanto remendam a sua colcha favorita.
Com cuidado elas costuram blocos de nove quadrados,
guardam seus livros para abrir espaço para o seu novo nome.

Quando minha mãe diz *vai*,
ir parece tão definitivo e distante
do prêmio oferecido na escola,
os cartões de parabéns escritos à mão.
Essa única palavra entrelaça o ar entre nós.

Ainda vejo o rosto da minha mãe enquanto o carro sai,
sinto os joelhos dela cedendo quando você vê o grande
    baú;
pesado de panelas, colheres e agulhas —
o tesouro de uma mulher nessa nova vida.
Sussurro seu antigo nome mais uma vez, lamento que
    você
e eu não tenhamos nascido meninos,
assim poderíamos manter nossos nomes.

✷

Faço onze anos e sonho com bicadas no meu fígado,
   pássaros com a boca
brilhando de penitência. Acordo com sangue entre as
   coxas,
quando telefono para te contar sua voz é um sapo
no casco de um cavalo.
Volto a mim, um antigo cartão de Natal e sua certidão
   de nascimento na mão.
Com olhos abatidos você se senta tricotando lã preta
e diz que todas vamos partir um dia.

Aquela infância está costurando
o que se transformará para costurar duas vidas,
esse tempo é uma sala de espera,
nela não posso esperar o óbvio.
Como um corpo aprende a navegar nesses estreitos,
quanto tempo para se fazer uma mulher se perder de
   seu nome —
a resposta é:
eu sei quem vai ser enterrada bem longe de casa
e de quem é a língua que as crianças vão falar.

## *Luto noturno*

> *Só posso chorar meus amigos à noite,*
> *Pois sou íntimo da lua*
> *E confiei nela durante muitos meses.*
> *Aquele que me matou ainda está livre.*
> Abdul-Rahman al-Abnudi, "As tristezas de sempre"

Ele não conseguiu voltar,
aquele obrigado a escolher
entre um curral e seja lá que
fratura até então conhecida por casa.

A coisa feita nunca foi falada
em voz alta, além da quase palavra
provocada por alguma fúria fugaz
assentando e escapando pela língua do pai.
Se você rezar de olhos fechados, não vai ver
a memória queloidal ressuscitada
em uma meia-vida brilhante,
só um silêncio repentino duas gerações abaixo
quando as risadas do coquetel partidário definharem
em uma tigela de nozes —
torradas até também perderem a primeira casca.

Às vezes dois ficam do lado de fora do curral
e compartilham uma lembrança não dita
antes de a terra quebrar aquele laço não natural,
o solo enviando a mensagem de um rebanho prestes a chegar
deixando inculta a ameaça lenta.
A paz frágil lá

apenas para deixar claro que há uma coisa indizível,
que para alguns o tecido cruzado no ombro,
o nó de algodão bem apertado na cabeça
é uma forma de dizer tudo o que precisa ser dito.

Um homem, já muito velho para se importar que ouçam,
desvia o olhar, aponta o dedo para a terra igual a
    qualquer outra
e diz: Foi aqui, entre o estrume e os galhos quebrados,
que nós, homens, vimos uma mulher parir pela primeira vez.

Uma vez que você tenha dormido num útero
nascido de seu próprio sangue, Madawo,
e ainda carregue a marca de alguém que você não é,
faça amizade com a chuva do meio-dia,
espalhe timidez com a brisa da lua,
e toda manhã saiba caçar
e reunir outra vez seu verdadeiro eu
até a balança de cascos de cada vaca se igualar
à liberdade de um homem.

Aquele obrigado a escolher
entre um curral e um saguão
não conseguiu voltar,
pois ninguém se depara com sangue
e pensa: "Vou ficar aqui, ileso".
Somos felizes porque aqueles que voltam
superaram o tumulto do tempo passado,
a conversa calejada do retrospecto.

## *Primeira matemática*

O ônibus era uma grande sala cheia de crianças chorando
e embora eu tenha olhado para trás não consegui ver
   minha mãe
nem a casinha que ela alugou pra gente.
Um menininho cantava algo que precisava de um coro
quando alguém gritou cala a boca e interrompeu a nota na
   garganta dele.

Primeiro dia de aula e minha língua tentando aprender
as letras que ficavam no lugar do desconhecido,
as linhas que você não deveria cruzar.
Todo mundo riu quando eu disse *water*, água.
Admito que falei como o meu pai, que tinha igual talento
para idiomas e para fugir de problemas.

Meu pai que amava cantarolar foi embora
e não sobrou ninguém para explicar por que os meninos
te perseguiam depois da escola
e como isso te acompanharia vida afora
na forma como você diz sim pra tudo.

Parece tudo tão abstrato agora —
a ideia de se mudar e se deslocar —
o modo como o pensamento deve seguir o corpo em
   silêncio.
Assim como aprender matemática no fundo de uma sala,
a mão de giz da professora tentando reunir todas as partes
   quebradas.

## *A outra*

Um homem pálido com uma câmera diz: *Fiquem aqui.*
Quando ninguém se mexe ele encosta em Naro,
faz a gente ficar feito manequins lado a lado.
Quando ele sorri entendemos muito bem
que ele conseguiu o que veio buscar.
Podemos parar a dança agora e voltar para as nossas
 tarefas reais.

Na primeira vez que ouvi a palavra bosquímano, a palavra
 *nkhwa*,
fiquei sobretudo surpresa com o tom de quem falou.
A palavra em si não significa nada pra mim.

Aprendemos a responder a *mosarwa* quando as pessoas
 dizem isso,
embora não seja assim que nos chamamos.
É estranho responder a um chamado numa língua que
 seus mortos não falam.

Quase não durmo à noite, então fico acordada contando
 as estrelas.
Receio que quando nossos ancestrais vierem eles não
 saibam
onde nos procurar
pois estamos muito longe de casa.
Quero o privilégio de dormir mas sonho
com cabanas destruídas, homens rudes, caminhões e uma
 estrada de terra.

Ouvimos rumores de que não tem água nem na cidade.
Meu avô pergunta se eles têm melões *mokate*
que hidratam nosso corpo com seu líquido.

Vejo uma coisa e pergunto: *Como vocês chamam isso?*
A garotinha cujo cabelo foi todo puxado e esticado na
    cabeça dá risada
e diz: *Você fala engraçado.*
Apesar da estranheza das coisas, gosto de muitas coisas
    aqui.
A escola nova que frequento tem até uma televisão grande.
Se faço o chá da professora, ela me deixa assistir um pouco.
Dia desses vi um homem na tela.
Ele chora e ajoelha em desespero.
Primeiro observo a areia que parece estar em todo canto
ao redor dele.
Depois, me detenho na criancinha quieta nos braços dele.
Atrás um mar bravo cospe corpos de cabelos escuros
e a madeira molhada de um barco quebrado.
Os pelos na minha nuca se enrolam. Eu reconheço a perda,
já toquei no rosto dela antes. Conheço bem esse tipo de
    despedida.

Talvez seja melhor sentar e beber do tédio
do que vagar uma vastidão de areia.
Nossa força é fraqueza aqui.
Estas mãos sabem fabricar uma flecha com ossos de
    animais mortos.
Elas sabem quando não caçar os cudos ou seus filhotes.
Mas também conheço a mão da política; não sou imune
    à mudança.
Venho do homem que você vê pintado nas pedras mas
    também sou desta época.

Meu pai que era tão sábio estava perdido.
Eu ouvi a palavra depressão daquela mulher lá na clínica
que me dá doces quando não tem ninguém olhando.
Ela diz a palavra no mesmo fôlego gentil e ligeiro, como
 aborígine e inuíte, como refugiada.

Meu primo Ki'lo, que está se afastando dos nossos
 caminhos, diz:
*Não somos o primeiro povo a se mudar, não seja ingrata,*
*temos escolas e uma enfermeira para curar as doenças*
*que nem sabíamos os nomes*
*e uma adega*, ele diz, os olhos brilhando.
Esta é a nossa casa agora.
Só me pergunto se um teto é o necessário pra se fazer
 um lar.

Meus sonhos estão mudando.
À noite, não consigo mais ver o caminho que percorria
 todo dia
quando criança. Sob este palco de telhados finos e luzes
 brilhantes
fica mais difícil lembrar que não existe cobertor
grosso o bastante pra te aquecer quando a você é
 negada a empatia da humanidade.
Mesmo os cobertores emprestados sabem.
Eles também ouvem o desgosto sussurrado
e racionam suas pinicadas como a comida que
 ganhamos mês a mês
e nos cobrem de vergonha.

Na *combi* a menina que gosta de espelhos diz que ela é
 *motsuana*

*e não botsuana* e na próxima é melhor a repórter *entender direito*.
Tenho tido aulas para aprender essas outras palavras
então quando ela diz *masarwa a*, eu me pergunto se ela se enxerga.
Talvez ela seja Janus, o duas-caras que olha para a frente
e para trás ao mesmo tempo.
Mas receio que seja mais simples. Muitas pessoas não sentem uma ferida
que não se pareça com elas, mesmo que a ferida pertença a elas.

Quando a chance de voltar pra casa se apresenta
nós finalmente entendemos a palavra *assimilar*. Sim.
Nos reencontramos,
as novas linhas traçadas no rosto, entre lugares.
Somos alterados pela geografia
como *todas* as pessoas são
se conseguem sobreviver.

## *Estola (corrente de tristeza)*

O que foi uma vez voltou.

Os padres convocam mas não guardam piedade.

Um diz:
O que eu dei a um menino feliz na juventude
não pode ser desfeito —
eu vivo como prova disso.

Diz o menino no homem:
Vale o que o homem de deus diz.

Quando ele diz beba — então *esse* é o caminho do paraíso.

Quando ele diz toque — então a mão *dele* é a mão de deus.

O livro diz: sete — sete — é a idade da razão.

Dizemos razão querendo dizer culpa.

No pátio — as vestimentas claras como o dia —
ao lado dos balanços onde as crianças brincam,

um homem diz, digamos que morrer seja só um jogo,
a mão fria do padre dentro da sua calça de criança.

Sua vida toda — dentro — de você
seria um vendaval uivante.

No giro lento do carrossel um outro pergunta:
Quem vai nos devolver
todos os anos que o gafanhoto comeu?

## *Lares*

Digamos
que a mãe dele morreu dando à luz,
e ele
ainda vivo
tinha que ser enterrado com ela.

Deixa eu te contar como é
carregar uma criança que não é sua
com um balde d'água cheio mijando na sua cabeça.
Mais uma boca para alimentar
quando muitas mulheres têm suas próprias bocas para
    lidar,
seu mundo já rico de rebentos.

As mulheres não fizeram uma escolha fácil
mesmo reunidas ao redor da mãe do recém-nascido
    como abutres gentis
com suas asas — ombros envoltos em mantas
    funerárias.
Houve lamentos,
a certeza serena de que o pai não procuraria o filho.

Seus corações endureceram.
A resolução é um caminho próprio
e o caminho, a razão
melhor matar então,
que a perda cesse de uma vez por todas.
Por séculos essa tem sido a melhor forma.
Deixe que ela, que quer mudar isso,

adentre o círculo com vassoura e magia para varrer o
   que é familiar.

O círculo durou a noite inteira.

Uma mãe incapaz de manter o caminho
pôs o órfão adormecido
nas costas do próprio filho.
Ouvindo a história do menino agora, ela disse:
não hesite nem responda
nem ao seu próprio nome
mesmo que seja a minha voz.
Nada de bom pode vir dessa hora. Ela disse:
Não pare até você ver o muro que é o rosto da sua avó.

A noite toda e pela manhã
a força do ritual conduziu as supostas assassinas em seu
   funeral solitário.
Elas não podiam, uma vez que tinham começado a
   enterrar a irmã,
parar os hinos pra procurar uma criança —
perdida para elas de qualquer forma.
Quem quer que tenha fugido com o menino tirou um peso
   das costas
e quem poderia cessar a canção ligeira de um menino,
uma criança amarrada nas costas
enquanto atravessava a floresta da infância
o rito de correr de pés descalços aperfeiçoado por becos
   e arbustos
que então sussurravam para ele
mais rápido
agora por aqui
por aqui.

## *Pesqueiro*

Não consegui me forçar a espetar o camarão
mantido vivo num balde só com esse propósito,
então meu irmão faz a costura do gancho na carne.

Por horas eu balanço com a linha,
algo parecido com ritmo,
e ainda assim só baiacus e iscas mordidas.

Há cinquenta anos este pesqueiro está aqui
flutuando sobre estacas fincadas no mar,
suportando furacões e tempestades,
o golfo lambendo furiosamente aos seus pés.

Estou sentada no deque de madeira,
pés descalços balançam acima do mar gelado,
nada além do nosso barco branco que bate
como um vizinho indeciso à noite.

Estou feliz com a minha sorte,
embora não tenha apanhado nada,
salvo o desejo de lançar a vara por horas a fio
procurando algo com aquilo que eu tenho.

## *Naomi*

No começo
as galinhas não têm por que ter medo da gente,
somos todas jovens demais para incomodar.

Minha irmã executa bem
a tarefa diária de nos manter vivas

enquanto corro em volta dos tornozelos de meninas
que sangraram como ela,
que sentam e descascam batatas,

transformando madeira em fogo
o tempo converte seus pulmões em foles.

Elas mergulham as galinhas em tinas de água fervente,
arrancam suas penas com as mãos.

Nunca consegui olhar para aquela cena,
segurar a ave pelo pescoço,
usar o peso dela contra o seu desejo de viver.

Naomi podia dançar e cantar
a mesma música
        que ela usava para

nos fazer dormir.
Eu de costas para onde sei que estou indo.

## *Ruído branco*

> *O que vai suportar o peso de todo esse ruído?*
> Stephen Dobyns

E qual é o ponto
em que a penitência chega de joelhos dobrados
com a palavra *absolvição* sobre a língua?

Só podemos esperar por algo
que conhece — talvez quando não conhecemos —
o gosto da clemência
quando a sentença é cumprida;

algo novo e familiar ao mesmo tempo
que nos tenta, nos mostra
as costuras facilmente desfeitas,
esta tinta é o carrasco

com sua força clemente.

Todos nós nascemos sensíveis,
o coração inflamado e, depois, em queda.

Conhecemos o espaço em branco
para o nosso choro boquiaberto,
o balbucio lento do deleite.

Mas de vez em quando esquecemos
que este é o ponto,
um lugar a ser levado em conta,

debaixo de uma coroa pesada de palavras
está uma cadeira de acácia e espinheiro
onde se diz escolha com cuidado o peso
de cada sílaba sobre a língua.

## *Sobre dizer que deus não existe*

Peguei tudo de volta
quando mamãe afundou minha cabeça num batismo
   repentino.

Ela disse que o quase afogamento se aproxima da piedade
e que tenho sorte de o preço não ser a beleza.

Ela fez da banheira de metal uma xícara de chá gigante,
lavou minha boca ensaboada,

depois olhou para a mais simples das túnicas,
a que ela queria que eu usasse.

Seca como um banco de igreja em dia útil fui até lá
ver como todos somos deuses,

tomar a brisa leve que desejamos
quando somos reféns do calor e do pastor Modisa.

Talvez deus seja instinto
e instinto, memória;

o retorno do corpo ao conhecimento
e o que eu conheço além da descrença?

Vejo a sra. Modisa inquieta,
a mão dela como um lenço fiel enxugando o rosto suado
   do marido.

Quem é o batizado quando ele grita
arrependa-se,
arrependa-se!
enquanto riachos escorrem do rosto macio dele?

Mesmo a criança engatinhando entre os bancos sujos
se espanta

quando ninguém dá um tapa em seu traseiro preto
pra erguê-lo do chão de madeira recém-arranhado.

Mais tarde, esperando minha mãe na escadaria,
eu conto quantos vão para os seus quartos alugados

acumular mais penitência e o dízimo da semana que vem.
Deixo um espaço para nossa jornada silenciosa até em
   casa.
   Aí vem ela,

minha mãe, murmurando, o que vamos fazer
o que vamos fazer para jantar agora?

## *Homônimos*
*À maneira de "Vocabulário", de Safia Elhillo*

a palavra *madi* em setsuana significa sangue
a palavra *madi* em setsuana significa dinheiro
o ministro das finanças disse *aqui está o dinheiro*
ou
o ministro das finanças disse *aqui está o sangue*
o ministro agita as mãos admite    tocar
    o dinheiro
ou
o ministro agita as mãos admite    tocar
    o sangue

sua voz treme e por um instante as pessoas não sabem
    se é dinheiro ou sangue

para dizer

voz    você diz *lentswe*
mas para dizer
pedra    você diz *lentswe*

Na lenda favorita de Nkuku tem um gigante que engole
    uma pedra
ou talvez ele engula    uma voz
de todo modo a voz dele fica branda e a menininha
    sozinha em casa
deixa o gigante entrar e é engolida    inteira

numa briga    no dia do impeachment    minha
    prima vem da Inglaterra

para a minha casa e diz    *quem tem teto de vidro não devia*
   *jogar pedras*    mas
o sotaque dela mudou, ela carrega as palavras de fora para
   dentro de casa
por um momento ela grita
*quem tem teto de vidro também não devia jogar fora    sua voz*

## NOTAS DA AUTORA

"Ao último som" (p. 46) pega emprestada e altera a linguagem do poema "The Dream in the Next Body", de Gabeba Baderoon.

"Domboshaba" (p. 49) pega emprestada uma frase do poema "Letters to Martha", de Dennis Brutus.

"Autorretrato com uma língua perdida" (p. 50) traz um dito botsuanês em sua epígrafe, que se traduz como "nunca pergunte a um homem onde ele esteve". O dito costuma ser recitado por mulheres casadas para uma noiva como parte do aconselhamento pré-marital tradicional.

"A parábola da árvore" (p. 55) traz como epígrafe, em tradução de Bruno Latour, uma manchete do *Le Monde*: "Agency at the Time of the Anthropocene".

"Estola (corrente de tristeza)" (p. 73) parafraseia o versículo da Bíblia, Joel 2:25.

O último verso de "Naomi" (p. 78) pega emprestado e altera "Elegy" ("I think by now the river must be thick"), de Natasha Tretheway.

**AGRADECIMENTOS**

Agradeço às pessoas que editaram as seguintes publicações, nas quais estes poemas foram publicados pela primeira vez, em alguns casos em versões diferentes.

*Cordite Poetry Review*: "Uma bênção aos limpa--chaminés", "Ruído branco"
*The New Orleans Review*: "Naomi", "Mar"
*Lyrikline*: "Sonhos"

Pelo apoio: minha família, Tom Pow, Chris Abani, Matthew Shenoda, Moroka Moreri, Gofamodimo Lekaunyane, Wame Molefhe, Lauri Kubuitsile, as *Tea Ladies*, Ladan Osman, as *Lonely Voices Ladies*, Phil Rotz, Annie Freud, Word 'n' Sound, Lesego Nswahu Nchunga e Mandisa Mabuthoe.

Sou grata ao Departamento de Inglês e de Escrita Criativa da Universidade de Lancaster, ao conselho editorial do African Poetry Book Fund e aos meus irmãos lá, ao Programa de Escrita Internacional da Universidade de Iowa, ao Programa Dinamarquês de Artistas Visitantes Internacionais e ao Instituto Alice Kaplan de Humanidades da Universidade Northwestern pelo tempo e apoio.

Obrigada a Kwame Dawes — que tudo sabe — por seus ouvidos e por sua generosidade.

Obrigada, Kirk Sides, por tudo.

**NOTAS DO TRADUTOR**

"Apoptose" [p. 11]

**motswere**
Nome em setsuana da espécie *Combretum imberbe*, também utilizado para se referir a partes dessa árvore. No Brasil, a espécie é conhecida como "monzo".

"Ellen West" [p. 22]

**Ellen West** (1888-1921) sofria de anorexia nervosa e seu caso foi bastante famoso na época e usado na teoria psicanalítica para o estudo de transtornos alimentares.

"Vesta" [p. 25]

**Vesta**
Na mitologia romana, deusa do fogo sagrado e dos laços familiares.

**moselesele**
Nome em setsuana da espécie *Dichrostachys cinerea*, nativa de grande parte do continente africano. Entre outras, possui propriedades laxativas. No Brasil, a espécie é conhecida como "marabu".

"Nostalgia" [p. 27]

**Pique-esconde**
No original, "black mampatile", forma de se referir ao "esconde-esconde" em Botsuana e outros países africanos.

"Domboshaba" [p. 49]

**Domboshaba**
Ruínas de Domboshaba, em Botsuana, local sagrado e patrimônio cultural do país.

"A outra" [p. 69]

**nkhwa**
Palavra em kalanga, língua banto, para "bosquímano".

**mosarwa**
Palavra em setsuana para "bosquímano".

**mokate**
Palavra em setsuana para um tipo específico de "melancia".

**combi**
Palavra em setsuana para as vans, principal tipo de transporte público em Botsuana.

**masarwa a**
Termo pejorativo em setsuana, significando literalmente "esses marsawas", para se referir aos membros das comunidades de língua *khoisan*.

# Posfácio
*Kwame Dawes*

Muita gente entre nós esperou por este livro de estreia de Tjawangwa Dema. Eu com certeza, desde que a conheci há muitos anos e desde que fiz uma viagem pelo sul da África com ela e com um grupo de excelentes poetas africanos. O domínio de palco de Dema, sua clareza de ideias e seu humor inteligente e erudito, seja em conversas ou nos poemas, nos faz perguntar por que ela não publicou antes. Dema foi muito generosa ao autorizar a publicação de sua primeira plaquete, *Mandible* [Mandíbula], pelo African Poetry Book Fund, como parte da série inaugural de plaquetes, *Seven New Generation African Poets: A Chapbook Box Set* [Sete poetas da África da nova geração: box de plaquetes], incluindo um impressionante grupo de poetas que, de fato, estão trilhando um novo caminho para a poesia africana: Ladan Osman, Tsitsi Jaji, Len Verwey, Clifton Gachagua, Nick Makoha e Warsan Shire. Após vários anos de escrita intensa, turnês e um mestrado em escrita criativa, o primeiro livro de TJ Dema, *A costureira descuidada*, chega em suas mãos. A espera valeu a pena.

Ancorando essa notável estreia poética está a elegia "Na casa do luto" (p. 58), na qual Dema, de forma brilhante e perspicaz, observa: "Todo mundo ensaia a morte/ ao anoitecer". Temos a impressão de que ela nos presenteia com um aforismo de profunda sabedoria, imensamente citável por sua estrutura, clareza e complexidade. De fato, seu livro encena esse ensaio da morte — não porque os poemas sejam mórbidos e carregados de morte (eles não são), mas porque eles não têm medo de considerar a verdade cruel da nossa existência, emoldurada pelo nascimento e pela morte. Tal consciência é o início da sabedoria e também o início da beleza. Como muitos dos poemas do livro, todas as conversas parecem se voltar para a mãe, e imaginamos essa mãe como a mãe de Dema. Em alguns poemas, a mãe dela é, de forma nítida, identificada como tal, e em outros ela parece ser uma destinatária, alguém que sempre escuta e faz companhia para a poeta. No poema "Na casa do luto", a viúva é a figura em destaque, pois, nela, quem lê encontra a sabedoria necessária para lidar com a morte. A viúva é definida por sua sobrevivência — é ela quem permanece. E Dema se identifica com a viúva, pois, a partir de sua figura, pode explorar as dinâmicas da sexualidade, do patriarcado e a força e capacidade da mulher que, em suas mãos, é tão forte quanto vulnerável.

> Você ouve quando as viúvas despertam —
> um único nome tremendo no ar da noite —
> quando você abre a porta
>
> o olhar de criança perdida
> atravessa o rosto dela.
> Só os mortos descansam.

O que nos sobra é pegar
e juntar
o que resta

na casa do luto.

Dema sempre considera o gesto de observar o cotidiano como uma forma de compreensão do trabalho artístico, sobretudo, da escrita de poesia. As pessoas abandonadas — viúvas e crianças que perderam a mãe e o pai — são artistas, pois elas "pegam/ e juntam" — em outras palavras, manejam a memória e encontram valor no processo de relembrar aquilo que foi destruído e despedaçado para então juntar o que "resta".

No caso de Dema, o melhor a fazer é lhe dar o benefício da dúvida e não definir se ela está elaborando trocadilhos e aludindo a algum aspecto cultural de Botsuana, a algum clássico da mitologia grega ou à Bíblia, a alguma obra literária ou artística contemporânea. Ela tem um apetite voraz por materiais que possam moldar seu trabalho e é hábil na forma como alude a esse rico estoque de informação e beleza. Por exemplo, em "A parábola da árvore" (p. 55), um poema que poderia ser caracterizado como um relato ativista sobre o meio ambiente, suas alusões abarcam uma referência explícita a um artigo do *Le Monde*; o livro do Gênesis; George Berkeley, o bispo e filósofo irlandês; e Van Gogh. Tais alusões são manejadas de um modo compacto, nunca ostensivo, e de forma lúdica e inteligente enriquecem nossa leitura com suas ideias. Isso acontece em todo o livro. Ela não se limita quando trata de suas referências e sua relação com a tradição literária.

TJ Dema está tão interessada em escrever sobre ser poeta quanto em escrever sobre a vida, a guerra, os sofrimentos, a sexualidade, a política e muito mais. Além disso, nota-se nestes poemas uma inteligência criativa em ação. Felizmente, ela não nos sobrecarrega com poemas inconsequentes sobre ser poeta. Em vez disso, seu livro poderia ser definido com mais precisão como uma *ars poetica* — embora, na verdade, estes poemas tragam bem mais do que a teoria. Os poemas trazem certa verdade emocional e alguns tópicos ideológicos nos quais Dema se engaja. Em "Pesqueiro" (p. 77), por exemplo, ao nos conduzir pelos desafios de ter um irmão que luta contra seus próprios demônios (provavelmente uma condição mental), ela nos brinda com um momento de ternura entre os dois irmãos pescando num píer. Só esse trecho já é sofisticado o bastante e traz muita beleza para o livro. Mas, no final do poema, fica claro que a "sorte" que a deixa feliz não é apenas o contentamento de ser uma pescadora não tão bem-sucedida, mas um contentamento com as dificuldades de sua arte ou de sua vocação poética.

> Estou feliz com a minha sorte
> embora não tenha apanhado nada,
> salvo o desejo de lançar a vara por horas a fio
> procurando algo com aquilo que eu tenho.

Os símiles e as metáforas de Dema não se anunciam, mas chegam com aquele princípio que se revela quando a linguagem parece inevitável — necessária. Observa-se aí a maturidade e a generosidade da poeta, cujo compromisso é conter ideias e sentimentos numa linguagem que elucida e complica — uma espécie de busca pela verdade. Isso não significa que seu trabalho seja simples — não é nada disso. Na verdade, Dema se mostra tão intrigada com as distrações e a confusão de quem lê quanto com os momentos de revelação. Em "Vesta" (p. 25) a densidade de seu imaginário é impressionante. Mas notem como fica uma sugestão de mistério quando a mãe foge de um casamento indesejado com sua criança:

> mas fugimos
> você embalada nas costas da mãe
> como uma história curta
> na boca dela
> essa boca triste e assustada

A sacralidade e a tristeza da boca da mãe se mostram ternas e necessariamente contraditórias, mas capturam de forma efetiva a vulnerabilidade e a força que atrai Dema para a mãe dela, ou talvez mais precisamente para *a* figura materna.

"A costureira descuidada" (p. 29) é uma boa imagem para o trabalho a que Dema se propõe neste livro. Sua coletânea é repleta de vozes — particularmente de mulheres, e às vezes a voz em primeira pessoa poderia muito bem ser a da própria autora, ou de algum outro corpo que ela esteja ocupando. E ainda, sobretudo, ela coleciona objetos — talismãs, se preferirem — para cada maldição imposta pelos homens em sua vida. A costureira que é tanto uma poeta quanto uma mulher numa narrativa sobre abuso, sobre ciúmes dos homens e sobre a independência de uma mulher que molda sua própria independência econômica, é pintada esplendidamente, de forma que pode permitir que a imagem vá se desdobrando sem ostentação e alarde. O notável lirismo narrativo de Dema se concretiza pelo manejo do verso, pelo cuidado com os detalhes e por sua compreensão da arte da escolha.

> A primeira camisa que fiz para um estranho
> lançou meu marido num frenesi,
> ele comparou a minúcia de cada ponto
> à forma como uma mulher pode entregar o corpo
> a um completo estranho.
>> Os homens estão dizendo seu nome no mercado,
>> como amantes impenitentes atrás de uma puta qualquer.
>
> Guardei um botão para cada palavra indelicada;
>> Bruxa
>> Descuidada
>> Puta.

Por exigência, a poeta se torna aquela que está separada do mundo e, no entanto, se mantém definida e consumida pelo mundo. Seu desejo de fazer arte é constantemente interrompido por pessoas que não fazem arte, mas que, de forma irônica, se tornam sujeitos de sua arte. A empatia, então, não é uma virtude piedosa — mas uma virtude imposta para a artista em busca da beleza. Podemos falhar em captar a noção de humor sarcástico de Dema no momento em que a arte parece chegar para a poeta. Devemos seguir seu rastro bem traçado — a imagem da poeta como uma costureira; e uma costureira descuidada, que não se iluda em pensar em seu trabalho como algo especialmente nobre.

> Uma mulher sabe como as coisas furam e prendem.
> Pode haver homens que desconheçam o luto

talvez também a mulher que vem pegar o próprio vestido
e rodopia e rodopia em seu lenço combinando.
Ela adora parar e conversar se olhando no espelho,
perturbando como uma máquina velha meu silêncio,
cega ao tecido constante sob o meu dedo.
Cega ao país de um tormento alheio.

A questão, porém, é que, enquanto essa poeta habita o "país do tormento alheio", ela também é capaz de ocupar, com postura e destreza, os tormentos da sua própria existência. Assim, se mostra generosa ao nos oferecer uma linguagem para que possamos entender os desafios que ela vê na vida.

Em "Problema dos três corpos" (p. 31), Dema escreve com uma delicadeza terna e inquiridora a história de um irmão e de uma mãe. A enunciadora expõe o desafio da vida do irmão, a forma como ele ocupa a cabeça e o coração da mãe e da narradora, e como, no entanto, o conflito central permanece na mãe, naquilo que significa ser a mãe de um homem que claramente se aflige com a vida — após ter passado por dez médicos. Dema nos prende de forma muito tocante nesta descrição da dor que ela explora aqui:

> Todos esses anos nós perseguimos o silêncio juntos,
> vendo de dentro alguma coisa passando
> tão rápido quanto a garganta do meu irmão se abrindo —
> a cabeça batendo em qualquer parede mais próxima.

Não sabemos exatamente pelo que ele está passando, mas a violência, a incerteza, o silêncio são todos efetivamente capturados. E então, no fim, a enunciadora avalia o que vai acontecer quando sua mãe não estiver mais ali para gastar "a vida inteira nele", para aperfeiçoar sua "linguagem de preocupação", deixando em quem lê um quê de mistério que é ao mesmo tempo intuitivamente claro: "eu é que vou juntar as latas pra ele contar?", ela pergunta. A dignidade que ela mantém nesse conto sobre um homem consumido por seus conflitos é impressionante.

Dema traz essa mesma dignidade para o país de um tormento alheio — o país de uma menina que vê sua primeira menstruação no poema "Não um não corpo" (p. 35).

> eu não sabia
> do lençol manchado de sangue
> naquela primeira manhã
> a mãe cobrindo tudo rápido
> acalmando a língua só para dizer
> que eu tinha de me cuidar agora
>
> e eu me senti traída
> como se meu corpo tivesse vagado
> enquanto eu dormia
> e para não sentir o sangue pulsando
> como acordar depois do fim da guerra
> só carnificina e nenhuma história

A imagem de um corpo que abandona a menina e retorna como outra coisa é concebida de forma brilhante e então apresentada. A frase "só carnificina e nenhuma história" é ao mesmo tempo rica em humor e terror.

A última sequência de poemas desta coletânea explora com sofisticação as questões da fé e da crença através de lentes que podem ser mais bem chamadas de agnósticas. Os poemas ecoam alguns dos que aparecem em um momento anterior do livro. Dema encena vários tipos de engajamentos cristãos, sendo católica em "Quaresma" (p. 34) e "Ruído branco" (p. 79) e testemunha de abusos evangélicos em "Sobre dizer que deus não existe" (p. 81), e tudo isso testado por um profundo sentimento de *mulherismo* — a crítica de uma mulher às estruturas patriarcais manifestas na igreja e em todos os lugares. Talvez o mais perturbador e apropriado desses poemas seja "Estola (corrente de tristeza)" (p. 73), no qual ela narra a pedofilia de padres. Dema evita o sensacionalismo, mas deseja explorar as significativas implicações desse tipo de abuso — as falhas institucionais e, sobretudo, as falhas humanas. Ela se permite falar na voz dos padres, ainda quando mantém a distância crítica necessária para a censura:

> Um diz:
> O que eu dei a um menino feliz na juventude
> não pode ser desfeito —
> eu vivo como prova disso.

Trata-se de uma construção complexa, pois "o que não pode ser desfeito" é obviamente uma referência ao menino que foi abusado, a vítima, mas é também o abuso que o padre encena sobre si mesmo, enquanto prova da podridão desse ato de violência. A passagem é então seguida pelo mantra do abuso e de um poder perturbador, e identifica, portanto, o centro da falha, o coração da farsa. O poema é sobre poder; é sobre confiança; e é sobre a devastação do sacro e do sagrado.

> Diz o menino no homem:
> Vale o que o homem de deus diz.

Quando ele diz beba — então *esse* é o caminho do paraíso.

Quando ele diz toque — então a mão *dele* é a mão de deus.

O livro diz: sete — sete — é a idade da razão.

Dizemos razão querendo dizer culpa.

No pátio — as vestimentas claras como o dia —
ao lado dos balanços onde as crianças brincam,

um homem diz, digamos que morrer seja só um jogo,
a mão fria do padre dentro da sua calça de criança.

Os versos são dolorosos em suas duras considerações. No verso "dizemos razão querendo dizer culpa", a lógica distorcida dos abusadores que buscam se eximir de seus atos é capturada com uma precisão sucinta e devastadora.

*A costureira descuidada* é um livro de estreia impressionante e genuíno. O ponto de vista maduro e a técnica afiada que ela demonstra aqui nos lembram o quanto a autora trabalhou para criar uma obra poderosa e fundamental. TJ Dema trouxe para a discussão sobre a poesia africana contemporânea uma série de ideias e reflexões enriquecedoras. Sobretudo, este livro garante que leitores e admiradores da poesia africana possam ter acesso à obra de uma poeta verdadeiramente talentosa.

Copyright © 2019 by Tjawangwa Dema
Publicado originalmente em inglês pela University of Nebraska Press
Copyright da tradução © 2023 Círculo de poemas

Todos os direitos reservados. Nenhuma parte desta obra pode ser reproduzida, arquivada ou transmitida de nenhuma forma ou por nenhum meio sem a permissão expressa e por escrito da Editora Fósforo e da Luna Parque Edições.

**EQUIPE DE PRODUÇÃO**
Ana Luiza Greco, Cristiane Alves Avelar, Fernanda Diamant, Julia Monteiro, Juliana de A. Rodrigues, Leonardo Gandolfi, Marília Garcia, Millena Machado, Rita Mattar, Rodrigo Sampaio, Zilmara Pimentel
**REVISÃO** Eduardo Russo
**PREPARAÇÃO** Mariana Ruggieri
**PROJETO GRÁFICO** Alles Blau
**EDITORAÇÃO ELETRÔNICA** Página Viva

---

Dados Internacionais de Catalogação na Publicação (CIP)
(Câmara Brasileira do Livro, SP, Brasil)

Dema, Tjawangwa
 A costureira descuidada / Tjawangwa Dema ; tradução Floresta. — São Paulo : Círculo de poemas, 2023.

 Título original: The Careless Seamstress.
 ISBN: 978-65-84574-81-6

 1. Poesia botsuana I. Título.

23-169081                                                                                       CDD — 821

---

Índice para catálogo sistemático:
1. Poesia : Literatura botsuanense    821

Eliane de Freitas Leite — Bibliotecária — CRB-8/8415

**CÍRCULO** *Luna Parque*
**DE POEMAS** *Fósforo*

circulodepoemas.com.br
lunaparque.com.br
fosforoeditora.com.br

Editora Fósforo
Rua 24 de Maio, 270/276, 10º andar
01041-001 — São Paulo/SP — Brasil

# CÍRCULO *Luna Parque*
# DE POEMAS *Fósforo*

## LIVROS

1. **Dia garimpo.** Julieta Barbara.
2. **Poemas reunidos.** Miriam Alves.
3. **Dança para cavalos.** Ana Estaregui.
4. **História(s) do cinema.** Jean-Luc Godard (trad. Zéfere).
5. **A água é uma máquina do tempo.** Aline Motta.
6. **Ondula, savana branca.** Ruy Duarte de Carvalho.
7. **rio pequeno. floresta.**
8. **Poema de amor pós-colonial.** Natalie Diaz (trad. Rubens Akira Kuana).
9. **Labor de sondar [1977-2022].** Lu Menezes.
10. **O fato e a coisa.** Torquato Neto.
11. **Garotas em tempos suspensos.** Tamara Kamenszain (trad. Paloma Vidal).
12. **A previsão do tempo para navios.** Rob Packer.
13. **PRETOVÍRGULA.** Lucas Litrento.
14. **A morte também aprecia o jazz.** Edimilson de Almeida Pereira.
15. **Holograma.** Mariana Godoy.
16. **A tradição.** Jericho Brown (trad. Stephanie Borges).
17. **Sequências.** Júlio Castañon Guimarães.
18. **Uma volta pela lagoa.** Juliana Krapp.
19. **Tradução da estrada.** Laura Wittner (trad. Estela Rosa e Luciana di Leone).
20. **Paterson.** William Carlos Williams (trad. Ricardo Rizzo).
21. **Poesia reunida.** Donizete Galvão.
22. **Ellis Island.** Georges Perec (trad. Vinícius Carneiro e Mathilde Moaty).

## PLAQUETES

1. **Macala.** Luciany Aparecida.
2. **As três Marias no túmulo de Jan Van Eyck.** Marcelo Ariel.
3. **Brincadeira de correr.** Marcella Faria.
4. **Robert Cornelius, fabricante de lâmpadas, vê alguém.** Carlos Augusto Lima.
5. **Diquixi.** Edimilson de Almeida Pereira.
6. **Goya, a linha de sutura.** Vilma Arêas.
7. **Rastros.** Prisca Agustoni.
8. **A viva.** Marcos Siscar.
9. **O pai do artista.** Daniel Arelli.
10. **A vida dos espectros.** Franklin Alves Dassie.
11. **Grumixamas e jaboticabas.** Viviane Nogueira.
12. **Rir até os ossos.** Eduardo Jorge.
13. **São Sebastião das Três Orelhas.** Fabrício Corsaletti.
14. **Takimadalar, as ilhas invisíveis.** Socorro Acioli.
15. **Braxília não-lugar.** Nicolas Behr.
16. **Brasil, uma trégua.** Regina Azevedo.
17. **O mapa de casa.** Jorge Augusto.
18. **Era uma vez no Atlântico Norte.** Cesare Rodrigues.
19. **De uma a outra ilha.** Ana Martins Marques.
20. **O mapa do céu na terra.** Carla Miguelote.
21. **A ilha das afeições.** Patrícia Lino.
22. **Sal de fruta.** Bruna Beber.

**Você já é assinante do Círculo de poemas?**

Escolha sua assinatura e receba todo mês em casa nossas caixinhas contendo 1 livro e 1 plaquete.

Visite nosso site e saiba mais:
www.circulodepoemas.com.br

**CÍRCULO** *Luna Parque*
**DE POEMAS** *Fósforo*

Este livro foi composto em GT Alpina e GT Flexa e impresso pela gráfica Ipsis em setembro de 2023. Isto não é uma floresta, é uma árvore, e depois outra na qual um esquilo vive a vida toda sem saber que a floresta está numa encruzilhada.

FSC
www.fsc.org
MISTO
Papel | Apoiando o manejo florestal responsável
FSC® C011095

A marca FSC® é a garantia de que a madeira utilizada na fabricação do papel deste livro provém de florestas gerenciadas de maneira ambientalmente correta, socialmente justa e economicamente viável e de outras fontes de origem controlada.

ipsis